PSYCHÉ,

OU

LA CURIOSITÉ DES FEMMES,

COMÉDIE ANACRÉONTIQUE

EN UN ACTE, MÊLÉE DE VAUDEVILLES,

Par MM. THÉAULON et DARTOIS.

Représentée, pour la première fois, à Paris, sur le Théâtre du Vaudeville, le 6 Juin 1814.

Prix: 1 fr. 25 c.

PARIS,

CHEZ J. N. BARBA, LIBRAIRE, PALAIS-ROYAL,

DERRIÈRE LE THÉÂTRE FRANÇAIS, N°. 51.

De l'Imprimerie de HOCQUET, rue du Faubourg Montmartre, n°. 4.

1814.

PERSONNAGES.   ACTEURS.

PSYCHÉ. . . . . Mesd. *Rivière.*
VENUS . . . .   *Arsène.*
L'AMOUR. . . . .   *Betzi.*
AGLAURE } Sœurs de } . . *Minette.*
CYDIPPE. } Psyché } . . *St.-Aulère.*
Une Suivante. . . . .   *Clémence.*
Femmes de la suite de Psyché.

―――

Nota. Dans les grandes villes où l'on jouera cet ouvrage, on peut y joindre des ballets.

PSYCHÉ,

ou

LA CURIOSITÉ DES FEMMES,

COMÉDIE ANACRÉONTIQUE EN UN ACTE.

Le théâtre représente un jardin délicieux ; au premier plan, à droite, est un pavillon à colonnes, au travers desquelles on apperçoit le lit de Psyché fermé par une draperie. Au lever du rideau, l'Amour, qui vient de prendre ses armes suspendues à une colonne, quitte le pavillon.

SCENE PREMIERE.

PSYCHÉ, *endormie et cachée par la draperie*,
L'AMOUR.

L'AMOUR.

Il est grand jour ! heureusement elle sommeille encore ; hâtons-nous de partir. Adieu Psyché, adieu jusqu'à ce soir. Qu'il est cruel de quitter ce qu'on aime, au point du jour ; mais Jupiter l'ordonne et je tremble que mon vieux cousin Morphée, qui m'en veut depuis long-tems, ne me joue quelque malin tour ; si j'allais m'oublier auprès d'elle ; si à son réveil !

Air : *Tribunal de la Reine Berthe.*

Par une cruelle insomnie,
Mon devoir est d'être agité ;
Et de cette tâche chérie
Je me suis toujours acquitté ;
Mais quoique dieu, dans le jeune âge,
Je dois l'avouer sans rougir,
Souvent, depuis mon mariage,
Je suis tenté de m'endormir.

Mais que vois-je ! me trompai-je ! non c'est ma mère, c'est

Vénus ; grands dieux ! quel air sévère ! je ne la reconnaissais pas ; que vient elle faire en ces lieux, de si grand matin ?

SCENE II.

VÉNUS, L'AMOUR, *à l'écart ;* **PSYCHE,** *endormie.*

VÉNUS.

Air : J'arrive à pied de province.

J'arrive exprès de Cythère,
  Pour gronder mon fils.
Qu'il redoute ma colère,
  S'il n'est pas soumis.
J'espère qu'en cet asile
  Ou je trouvera ;
    (Elle écoute.)
Mais ici tout est tranquille,
  L'Amour n'est pas là.

Même air.

Pour l'Amour je fus trop bonne.

L'AMOUR, *à part.*

Chacun le sait bien.

VÉNUS.

Il fera ce que j'ordonne,

L'AMOUR.

L'Amour n'en croit rien.

VÉNUS.

Peut-être le téméraire
Me fuit-il déjà ?

L'AMOUR, *avançant.*

Quand vous paraissez, ma mère,
Il est toujours là.

VÉNUS.

Ah ! vous voilà donc, monsieur ?

L'AMOUR, *lui montrant le pavillon en riant.*

Silence, ma mère, vous allez reveiller ma femme.

VÉNUS.

Votre conduite est bien digne de votre naissance ! Vous ne vous êtes pas contenté de mépriser les avis de votre mère, et d'aimer une mortelle qui a l'insolence de me disputer l'empire de la beauté, vous avez osé l'épouser à votre âge !

L'AMOUR.

Eh! ma mère, il y a des siècles que vous me dites que je suis trop jeune.

VÉNUS.

Vous n'avez pas craint de vous passer de mon consentement.

L'AMOUR.

Je vous ai fait des sommations respectueuses.

VÉNUS.

De celui de Vulcain mon époux.

L'AMOUR.

Cela ne le regarde pas.

VÉNUS.

Voilà donc le prix de mes soins.

Air: *Voulant par ses œuvres complettes.*

Long-temps ma crédule tendresse,
M'a fait penser que je pourrais
Trouver un bâton de vieillesse,
Dans le fils que je chérissais;
Et votre passion cruelle,
Enfant perfide et libertin,
Me ferait mourir de chagrin
Si je n'étais pas immortelle.

L'AMOUR.

Je suis bien tranquille de ce côté.

VÉNUS.

Mais vous ne jouirez pas long-tems de mes peines; je ferai casser votre mariage.

L'AMOUR.

Si vous le pouvez. Le grand papa Jupiter m'a permis d'être l'époux de Psyché, tant qu'elle croira que cet époux est le monstre que vous lui destiniez dans votre vengeance; et par bonheur, il vous a défendu de la désabuser, sous peine d'être forcée de signer au contrat.

VÉNUS.

Je convoquerai le tribunal des Dieux

L'AMOUR.

Eh bien, nous plaiderons.

VÉNUS.

Air: *si Pauline.*

Ne comptez sur aucun refuge,
De mes pleurs on sera touché;
Et j'engagerai chaque juge
A condamner votre Psyché;

S'il en est qui, voulant lui plaire,
La défendent pour m'accabler,
Mes yeux sauront les faire taire.

L'AMOUR, *montrant une flèche.*

Voilà qui les fera parler.

VÉNUS.

Nous verrons qui l'emportera.

L'AMOUR *avec malice.*

Ne sait-on pas, ma mère, que vous n'êtes pas accoutumée à résister à l'Amour.

VÉNUS.

Vous me reverrez avant peu.

Air : *Vaud. de la Robe et les Bottes.*

Je pars.

L'AMOUR.

Ah! que je vous embrasse!

VÉNUS.

Avant d'obtenir un tel prix,
Pour la dernière fois, de grâce,
Répondez, êtes-vous mon fils?

L'AMOUR.

A cette demande sévère,
Mon cœur ne saurait résister;
Maman, si vous étiez mon père,
Je vous permettrais d'en douter.

VÉNUS.

C'en est trop.

Air : *Des Matines de Cythère.*

Craignez le sort que je vous réserve,
Vous allez connaître mon pouvoir;
Je saurai m'unir avec Minerve
Pour vous ramener dans le devoir.

L'AMOUR.

Avec la sagesse, vous! ma mère?

VÉNUS.

Avec elle je me liguerai.

L'AMOUR.

Voilà ce qui s'appelle, j'espère,
Prendre un parti désespéré.

VÉNUS.

Craignez le sort, etc.

L'AMOUR.

Je ris du sort qu'elle me réserve,
Et je me moque de mon devoir :
Elle va s'unir avec Minerve,
Il sera très-plaisant de les voir!

SCENE III.

L'AMOUR seul.

Hâtons-nous de quitter ces lieux.

Air : ça fait toujours plaisir.

Ce n'est que sur la brune
Que je dois revenir,
Le jour, qui m'importune,
Est trop long à finir.
Allons tromper les belles,
Brouiller quelques amans,
Faire des infidèles
Et causer des tourmens :
Ça fait (*bis*) passer le tems.

(*Il sort*).

SCÈNE IV.

L'air de Stratonice annonce le reveil de Psyché. Bientôt la draperie du lit s'ouvre. Psyché se lève, sort du pavillon, et pendant la fin de l'air, regarde tristement autour d'elle.

PSYCHÉ.

Eh bien ! il est encore parti !.... le singulier personnage ! Il vient le soir, et s'en va le matin ; il faut qu'il soit bien laid, puisqu'il s'obstine à se cacher ainsi ; et sans doute en me prédisant que j'aurais un monstre affreux pour époux, l'oracle n'a que trop bien dit la vérité.

ROMANCE.

(Musique de Doche.)

Premier Couplet.

Son regard peut-être est farouche,
Ses traits inspirent la terreur ;
Et sans doute il sort de sa bouche,
Ce feu qui dévore mon cœur.
Enfin sa laideur est extrême :
Oh ! c'est un monstre assurément ;
Pourtant quand il me dit : je t'aime,
Je trouve le monstre charmant.

Deuxième Couplet.

Le soir, dès que la nuit plus sombre,
Peut le dérober à mes yeux ;
D'un vol rapide, au sein de l'ombre,
Je l'entends venir en ces lieux.

D'effroi, ce souvenir me glace,
Oh! c'est un monstre assurément;
Et cependant quand il m'embrasse,
Je trouve le monstre charmant.

Si je pouvais le voir; mais non, mon bonheur, dit-il, est attaché à mon ignorance; il faut le croire! cependant le songe qui chaque nuit semble ne poursuivre, jette dans mon cœur je ne sais quelle défiance: serait-il vrai que mes sœurs?... ce n'est qu'avec peine que mon époux a consenti à ce que je les voye; mais, à propos, elles vont venir, et ma toilette n'est pas seulement commencée. Il est très-tard et mes femmes n'ont pas encore paru. Oh! je veux être obéie. (*Elle prononce ces derniers mots, très-haut.*)

SCENE V.

PSYCHE, Femmes *accourant.*

CHOEUR.

Air : d'*Aline, Blondelette, Joliette.*

Notre Reine nous appelle,
Et fidèle
A son désir,
Pour la servir
Avec zèle,
Chacune doit accourir.

PSYCHÉ.

Pour me parer que tout s'apprête;
Mon époux est ma seule conquête,
Je ne veux pas être coquette;
Mais je puis aimer la toilette,
C'est un amusement
Charmant.
Sur ma tête, que l'on pose
Une rose
Fraiche éclose!

(*Ses femmes placent une rose dans ses cheveux.*)

CHOEUR.

Les dieux l'ont faite si belle,
Que l'art ne peut l'embellir,
Et cette rose nouvelle
Près de Psyché va pâlir!

(*Pendant le chœur on apporte une glace*).

PSYCHÉ *se mirant.*

C'est bien, très-bien; cette coeffure me sied à ravir; il est bien dommage que mon mari ne veuille pas me voir ainsi ! Il est inconcevable ; encore, s'il me donnait de bonnes raisons de son absence.

Air : *Vers le temple de l'Hymen.*

Je lui demande pourquoi,
Me dérobant sa figure,
Il choisit la nuit obscure
Pour se rendre près de moi ;
Mais il me répond : « Ma chère,
» Dans ses goûts chacun diffère,
» Et, si je fuis la lumière,
» Tant de maris, à leur tour,
» Quoique la nuit les réclame,
» Trop souvent, avec leur femme,
» Ne se montrent que le jour. »

Si j'interrogeais mes suivantes ? Elles doivent savoir quelque chose, et s'il leur a recommandé le secret, je saurai tout. Mes amies, approchez et satisfaites ma curiosité. *(Elles l'entourent).* Comment s'appèle mon mari ?

(Elles se regardent sans parler).

Air : *N'en demandez pas davantage.*

Quoi ! vous ne me répondez point ?
Parlez, je jure en femme sage,
D'être discrète sur ce point,
Mais vous vous taisez... quel courage !
Je le vois trop bien,
Je ne saurai rien ;

CHOEUR.

Nous n'en savons pas davantage.

PSYCHÉ *riant.*

J'en sais donc plus que vous sur mon mari.

même air.

Je sais qu'il est maître en ces lieux ;
Je sais qu'il est dans le bel âge ;
Qu'il aime à faire des heureux ;
Je sais qu'il parle un doux langage ;
Qu'il est tout puissant ;
Qu'il est caressant ;

CHOEUR.

Nous n'en savons pas davantage.

PSYCHÉ.

Je vois qu'il a pris ses précautions.

Air : *de Lisbeth.*

Mon cher époux avec bonté,
Voulant me prouver sa tendresse,
Ou peut-être par vanité,
Rendit ce palais enchanté,

Psyché.

Par le luxe et par la richesse ;
Et pour achever à mes yeux,
Dans ses intentions secrètes,
D'en faire un séjour merveilleux,
Il y mit (bis.) des femmes discrètes.

(*On entend la ritournelle de l'air suivant*).

Qu'entends-je ?

UNE FEMME.

C'est la Sibille qui habite la forêt voisine, et que madame a fait demander hier, pour lui expliquer le rêve qui la tourmente.

PSYCHÉ *à part*.

Bon ! elle m'apprendra peut-être quelque chose.

SCENE VI.

Les mêmes, VENUS *déguisée en vieille Sibille*.

CHOEUR.

Air : *du Château et la Chaumière*.

Aimable jeunesse,
Qu'ici chacun s'empresse,
Pour honorer la vieillesse ;
L'innocence l'intéresse !
Malgré notre ivresse,
Entendre et suivre sans cesse
Les leçons de la sagesse,
Est bien doux
Pour nous !

VÉNUS, *à Psyché*.

Vous que l'on admire,
Mon enfant, daignez me dire,
Si quelqu'un cherche à vous nuire ?

PSYCHÉ.

Ah ! qui pourrait me haïr ?

VÉNUS.

Vous voulez donc vous instruire ?

PSYCHÉ, *ingénuement*.

C'est mon seul désir !

CHOEUR.

Aimable jeunesse,
Qu'ici chacun s'empresse, etc.

VÉNUS.

Parlez-moi sans détour, Psyché, et si vos peines vous viennent de votre époux...

PSYCHÉ *l'interrompant.*

Mon époux! vous le connaissez?

VÉNUS.

Beaucoup, mon enfant, et je me ferais un vrai plaisir de vous le faire connaître, si un pouvoir plus grand que le mien ne s'y opposait.

PSYCHÉ *tristement.*

Je dois donc toujours ignorer ce qu'il est.

VÉNUS.

J'espère que vous l'apprendrez un jour; mais un songe, dit-on, vous afflige; vous voulez en avoir l'explication, me voilà prête à vous entendre. (*On a apporté un fauteuil; elle s'assied; le chœur se place du côté opposé.*)

PSYCHÉ.

Je rougis de ma faiblesse; mais je ne puis la surmonter; sachez donc que depuis le jour où l'oracle ordonna que j'unisse mon sort à celui d'un monstre épouvantable, et que je me vis transportée dans ce brillant séjour, le même rêve m'obsède sans cesse, et mêle une peine secrète aux délices que je goûte en ces lieux. Hier, encore.

VÉNUS.

Eh bien!

PSYCHÉ.

Air: *Tandis que tout sommeille.*

La nuit couvrait la terre,
Et le dieu du repos
Répandait ses pavots,
Sur ma faible paupière;
Vénus, soudain,
Le fer en main,
M'apparaît en colère:
Elle s'approche en menaçant;
Mais voilà qu'un enfant charmant
L'arrête et lui dit: « Grand'maman,
» Pardonnez à ma mère. »

VÉNUS, *à part.*

Voilà un rêve bien impertinent.

PSYCHÉ.

Air: *Ah maman! que je l'échappe belle.*

Mais hélas!
Sa colère s'augmente,
Je ne savais pas

Que Vénus était si méchante,
A ses pieds je tombe suppliante,
Elle s'applaudit
Et dans sa joie, elle me dit :

VÉNUS, *à part.*

Ecoutons ce que j'ai dit.

PSYCHÉ.

Air : *fidèle ami de mon enfance.*

« Je pardonne votre conduite,
» Si vous renoncez à l'époux
» Qui tous les soirs vous rend visite. »
Je lui réponds d'un ton bien doux :
« Avoir un mari semble rude ;
» Mais moi j'y suis faite déjà :
» Pour n'en pas perdre l'habitude
» Je garde toujours celui-là. »

VÉNUS.

Qu'a-t-elle fait alors ?

PSYCHÉ.

Air : *A peine au sortir de l'enfance.*

Aussitôt elle est disparue ;
Je parcours ces lieux en tremblant,
Et bientôt, voilà qu'à ma vue,
S'offre un précipice effrayant.
Pour l'éviter je me ranime,
Je fuis ; mais je trouve mes sœurs,
Qui me ramènent vers l'abyme
Qu'elles avaient couvert de fleurs.

VÉNUS.

Qu'êtes-vous devenue ?

PSYCHÉ.

Air : *Traitant l'amour sans pitié.*

Déjà vers l'abyme affreux,
Je me penchais, confiante,
Quand la foudre menaçante
Soudain gronde dans les cieux.
A cet éclat tutélaire,
Le sommeil fuit ma paupière ;
Et vous concevez, ma chère,
Que dans ce rêve ennemi,
Rien n'était fait pour me plaire ;
Hormis le coup de tonnerre
Qui réveilla mon mari.

VÉNUS, *à part.*

Quelle innocence !

CHOEUR.

Air : *De l'Epreuve villageoise.*

Quel étrange prestige !
Ce rêve nous afflige,
Daignez de ce prodige
Nous dire les effets.

PSYCHÉ.

Selon mes souhaits
Si j'étais
Une Sybille
Habile,
Quel bonheur pour moi ; je voudrais
Savoir tous les secrets.

CHOEUR.

Quel étrange prestige, etc.

VÉNUS.

Je ne puis, pour l'instant, vous apprendre quelles seront les suites de ce rêve ; mais je vais employer mon art pour que ce mystère nous soit bientôt dévoilé.

PSYCHÉ.

Que notre entrevue soit un secret pour mon époux.

VÉNUS.

Vous le craignez donc bien ?

PSYCHÉ.

Je vous l'avoue.

VÉNUS.

Auriez-vous à vous plaindre de lui ?

PSYCHÉ.

Bien au contraire ! et si je pouvais le voir, une seule fois ! je n'aurais rien à desirer.

VÉNUS, *à part.*

Ni moi non plus.

SCÈNE VII.

Les mêmes, UNE SUIVANTE.

LA SUIVANTE.

Madame, vos deux sœurs viennent d'arriver au palais.

PSYCHÉ.

Mes sœurs !

VÉNUS.

Allez les recevoir, Psyché, je partage, bien vivement, le plaisir que vous cause leur présence.

PSYCHÉ.

Ne vous éloignez point ; vous trouverez ici tous les égards que réclame votre grand âge ; je veux que désormais vous me regardiez comme votre fille ; et vous, mes compagnes chéries.

Air : *Au son du fifre et du tambour.*

Près de mes sœurs que l'on s'empresse,
Réunissez tous les plaisirs ;
Et, pour leur prouver ma tendresse,
Prévenez leurs moindres desirs.
Elles verront à mon ivresse
Que l'absence ni la grandeur
Ne changent pas toujours le cœur.

CHOEUR.

Elles verront à son } ivresse
Elles verront à mon }

(*Psyché sort avec sa suite.*)

SCENE VIII.

VENUS *seule.*

Tout seconde ici mes vœux ; tremble, Psyché, ton triomphe ne sera pas de longue durée, et Vénus n'aura point en vain caché ses attraits sous le masque de la vieillesse. Et toi, fils ingrat :

Air : *Epoux imprudent et rebelle.*

Lorsque tu braves ma colère,
Quand tu veux déserter ma cour,
Aux mortels apprends que ta mère
Saura donner un autre amour :
Mais ne peut souffrir qu'on m'offense ;
Et s'il approuve ce parti,
Jamais je n'aurai mieux senti
Tout le plaisir de la vengeance.

Le rêve de Psyché, l'arrivée de ses sœurs me tracent la route que je dois suivre ; et j'espère apprendre à mon fils qu'il faudrait qu'une femme fût au-dessus d'une mortelle pour résister à la curiosité ; (*ritournelle de l'air suivant*) mais j'apperçois les sœurs de Psyché ; aux regards qu'elles jettent sur ces lieux, je devine leur pensée.

SCÈNE IX.

VENUS, AGLAURE, et CYDIPPE.

CYDIPPE.

Air: *L'avez-vous vu, mon bien aimé.*

Dans ce jardin délicieux
Que de goût, d'élégance!
Il charme le cœur et les yeux
Par sa magnificence.

AGLAURE.

Tout respire ici la grandeur:
  Pour notre sœur
  Ah! quel bonheur!
  Dans son palais
  Je me croyais
Au séjour du tonnerre.

CYDIPPE.

Et moi, dans ces rians bosquets,
  Je me crois à Cythère.

VÉNUS, *à part.*

On voit bien qu'elle n'y a jamais été.

CYDIPPE.

Eh! bien! ma sœur, qu'en dites-vous?

AGLAURE.

Que de choses précieuses!

CYDIPPE.

Que de pierreries!

AGLAURE.

De parures magnifiques!

CYDIPPE.

Et dans le dernier goût.

AGLAURE.

Et toutes ces richesses appartiennent à notre sœur!

CYDIPPE.

Air: *Si des galans de la ville.*

Ne lui portez pas envie,
Jouissez de son bonheur.
Quant à moi, la jalousie
N'entra jamais dans mon cœur;
Mais comme Psyché j'espère,
Pour régner sur un amant
S'il ne faut que savoir plaire
J'en mérite bien autant.

AGLAURE.

Ne lui portez pas envie,
Jouissez de son bonheur.
Quant à moi, la jalousie
N'entra jamais dans mon cœur ;
Mais pour habiter comme elle
Dans un palais éclatant,
Puisqu'il ne faut qu'être belle
J'en mérite bien autant.

ENSEMBLE.

Ne lui portons pas envie, etc.

VÉNUS, *à part.*

C'est ce que nous allons voir.

AGLAURE.

Quelle est cette vieille?

VÉNUS, *les retenant.*

Est-ce que je vous ferais peur, mes belles demoiselles? je ne suis point ce que je parais être; rassurez-vous et connaissez-moi.

Air : *La bonne aventure.*

Ici, j'exerce un emploi
D'un très-bon augure;
On est plus jeune que moi ;
Mais, je vous le jure,
Je n'ai jamais divagué,
Et je dis d'un air fort gai :
La bonne aventure,
   O gué!
La bonne aventure!

CYDIPPE.

Ah! vous êtes sorcière?

VÉNUS.

Un peu; et j'ai deviné que tout ce que vous voyez dans ce palais vous surprend et vous attriste.

AGLAURE.

Vous avouerez qu'il est bien cruel, pour nous, de voir notre sœur jouir d'une fortune si éclatante.

VÉNUS.

Quand vous verrez son époux, vous ne lui porterez plus envie.

CYDIPPE.

Il est donc vrai qu'elle a épousé un monstre?

VÉNUS.

Un monstre épouvantable!

AGLAURE.

Comment peut-elle l'aimer?

CYDIPPE.

Il est si riche!

VÉNUS.

Ecoutez.

Air: *Ange des nuits.*

Sur votre sort il faut que je m'explique:
A votre sœur vous pouvez ressembler;
Desirez-vous un palais magnifique,
Pour l'obtenir vous n'avez qu'à parler.

AGLAURE.

Pour l'obtenir s'il ne faut que parler,
(*très-vite.*)
  Ah! mon bonheur est insigne;
  Vous comblerez mes souhaits;
  Car je sens que je suis digne
   De posséder un palais.

VÉNUS.

Même air.

Ce n'est pas tout, en cette circonstance,
Pour obtenir ce palais enchanté,
Au vif désir de rompre le silence,
Il faut unir la curiosité.

CYDIPPE.

S'il faut unir la curiosité,
(*très-vite.*)
  Pour moi quel bonheur insigne;
  Vous comblerez mes souhaits;
  Car je sens que je suis digne
   De posséder un palais.

AGLAURE.

Parlez, parlez, bonne vieille; dites, que faut-il faire?

VÉNUS.

Je vais vous l'apprendre; et si vous êtes dociles à mes leçons....

SCENE X.

Les mêmes, PSYCHÉ, *Femmes portant de riches présens.*

CHOEUR.

Air : Pour se bien divertir.

Chantons
Et célébrons
Notre jeune maitresse ;
Sa générosité
Egale sa beauté.

PSYCHÉ.

Dans mes bras je vous presse,
Ah quels momens
Charmans !
Pour prix de ma tendresse,
Acceptez ces présens.

AGLAURE et CYDIPPE.

Ma sœur (*bis*)
Pour mon cœur
Quelle ivresse !

PSYCHÉ.

Oui, mon bonheur par vous est assuré.

VÉNUS, *à part*.

Moi seule je le troublerai.

CHŒUR.

Chantons
Et célébrons
Notre jeune maitresse ;
Sa générosité
Egale sa beauté.

CYDIPPE.

Ma chère Psyché, ne verrons-nous pas votre mari ?

PSYCHÉ, *à part*.

Voilà ce que je craignais.

VÉNUS, *à part*.

Voilà ce que je voulais.

AGLAURE.

On dit qu'il est jeune ?

PSYCHÉ, *à part*.

Je le crois.

CYDIPPE.

Qu'il est charmant !

PSYCHÉ, *à part.*

Je le desire.

Air : *Ah ! deviner c'est bientôt dit.*

Dans ce que vous faites pour nous,
Que votre amitié sait paraître !

CYDIPPE.

Présentez-nous à votre époux,
Ah ! nous brulons de le connaitre !

PSYCHÉ. (*Elle fait signe à ses femmes de se retirer.*)
(*Quand elles sont sorties.*)

Hélas ! le connaitre ! je vois
Tout ce que votre cœur ignore :
Moi, sa femme depuis un mois,
Je ne le connais pas encore.

CYDIPPE et AGLAURE.

Comment ?

PSYCHÉ.

Je ne l'ai jamais vu !

AGLAURE.

Comment vous êtes vous donc mariés ?

PSYCHÉ, *ingénuement.*

La nuit !

CYDIPPE.

Sans le voir.

VÉNUS.

C'est impardonnable.

Air : *Daignez m'épargner le reste.*

Je vous admire, en vérité,
Quoi ! vous n'avez pas plus d'audace !
Je hais la curiosité ;
Mais si j'étais à votre place,
Quoique fidèle à mon devoir,
J'aurais pénétré ce mystère :
On est bien aise de savoir
A qui l'on peut avoir affaire.

PSYCHÉ.

Il m'a fait promettre de ne pas chercher à le découvrir.

VÉNUS.

Il vous l'a défendu ?

PSYCHÉ.

Expressément.

VÉNUS.

C'est qu'il veut être découvert.

PSYCHÉ.

Vous croyez ?

CYDIPPE.

Il n'y a pas de doute.

Air : *Povero Calpigi*.

Ces messieurs sont partout les mêmes,
Ils parlent en maîtres suprêmes ;
Mais pour ce que l'on nous défend,
Ils connaissent notre penchant.
Oui, bonnes âmes que nous sommes,
Nous laissons commander les hommes ;
Mais c'est pour avoir le plaisir
De pouvoir leur désobéir.

VÉNUS.

Je m'y connais. Votre sœur a raison.

AGLAURE.

Mais, ma sœur, vous ne vous trouvez donc jamais avec lui ?

CYCIPPE.

Je ne voudrais pas d'un mari comme cela ?

PSYCHÉ.

J'avoue que sa conduite est étrange.

Air : *L'amour ainsi qu'la nature*.

Dès que la nuit sur la terre
Vient remplacer la lumière,
Ce mystérieux mari
Doucement se rend ici ;
Les soins qu'il met à me plaire
Chassent mon effroi cruel,
Et je m'endors la première...

VÉNUS, CYDIPPE, AGLAURE.

Cela n'est pas naturel.

AGLAURE.

A votre place, je ne m'endormirais pas.

PSYCHÉ.

Même air.

Sans cesse il me recommande
La prudence la plus grande ;
Il dit qu'en voyant ses traits,
Je me perdrais à jamais.
Pour prix de ce qu'il réclame,
Il me jure, par le ciel,
D'adorer toujours sa femme.

VÉNUS.

Cela n'est pas naturel.

CYDIPPE.

Et il faut absolument que vous nous le fassiez voir aujourd'hui.

VÉNUS.

Ne vous contraignez pas davantage, mon enfant.

PSYCHÉ.

Vous me pressez en vain.

AGLAURE.

Ne nous refusez pas.

PSYCHÉ.

Il y va de mon bonheur.

CYDIPPE.

Air: *Tour à tour langant.*

Cédez à nos vœux,
Ou toutes les deux
Nous quittons ces lieux,
Vraiment dangereux.

ENSEMBLE.

Cédez à leurs vœux,
Ou toutes les deux
Vont quitter ces lieux
Vraiment dangereux.

PSYCHÉ.

Non, non ;
Car la raison
Me dit sans cesse:
Combats ta faiblesse;
Non, non,
Mon cœur est bon,
Je dois vous fuir
Si je veux obéir.

VÉNUS, *à part.*

Ensemble.

Bon, bon,
Car la raison
Ne peut sans cesse
Vaincre la faiblesse.
Bon, bon,
Car la raison
Qui dit de fuir,
Est prête à nous trahir.

LES SŒURS.

Non, non,
Point de raison,
Quand on vous presse
C'est une faiblesse.
Non, non,
Point de raison,
Loin de nous fuir,
Comblez notre desir.

(*Psyché s'éloigne.*)

SCENE XI.

(*Un peu nuit.*)

VENUS, CYDIPPE, AGLAURE.

CYDIPPE.

Quelle obstination !

AGLAURE.

Quel caprice !

CYDIPPE.

Je reconnais bien là notre sœur.

VÉNUS.

La nuit couvre déjà ces lieux ; voici l'heure où le monstre va se rendre près de Psyché : ne perdons pas un seul instant.

Air : *Vaud. des Fiancés.*

Suivez ses pas et redoublez de zèle,
A vos desirs elle est prête à céder ;
Dans une entreprise si belle
Mon art saura vous seconder.
Ne craignez pas de la trouver rebelle,
Sans peine elle va succomber ;
Quand une fois une femme chancelle
Un rien la fait tomber.

CYDIPPE.

Pour moi, je ne me consolerais jamais de n'avoir pas vu cet étrange mari.

AGLAURE.

Et oi, j'en mourrais de douleur.

Air : *De Figaro.*

Ensemble.

Daignez remplir notre attente.
Dieux, faites que nos accens
Rendent Psyché confiante.
Vous le savez, dieux puissans,
Ce secret qui me tourmente ;
Si j'ose le demander,
Ce n'est pas pour le garder.

VÉNUS.

Je remplirai leur attente
Et leurs désirs supplians,
Rendront Psyché confiante,
Et moi-même je le sens.
Ce secret qui les tourmente
Si j'allais le demander,
Je ne pourrais le garder.

(*Elles sortent. Nuit close.*)

SCENE XII.

L'AMOUR, seul.

Air : *Du pas de Zéphir.*

Le jour
A son tour,
Fuit
La nuit
Qui, sans bruit,
Me conduit
Au réduit
D'un objet
Si parfait.
Mon cœur,
Plein d'ardeur,
En ces lieux,
Bien heureux,
Bat, soudain,
Sous ma main,
De désir,
De plaisir !

Joyeux
Et fidèle,
Trop heureux
Modèle,
Des amans
Constans
Et des maris
Chéris,
J'accours,
Sans détours,
Car, vraiment,
C'est, souvent,
Imprudent,
Quand
Une belle
Attend
Un instant !

Maman,
Vainement,
Gronderait
Et voudrait
Me fléchir,
M'affranchir
D'un hymen
Clandestin :
Psyché
M'a touché,
Je prétends
Et j'entends
Admirer,
Adorer
A jamais
Ses attraits!

Cependant ma mère m'a causé quelque crainte, ce matin, et je suis revenu plutôt que de coutume. Serait-elle femme à plaider? Elle a du crédit dans le ciel; elle est belle. Les juges, là-haut, ressemblent un peu à ceux d'ici bas. Heureusement ils savent de quoi je suis capable.

Air : *de Marianne.*

Si Vénus plaide avec ses charmes,
Et si je ne suis pas absous,
Je saurai mettre, avec mes armes,
L'Olympe sans dessus dessous.
    Tous les maris
    Seront trahis
    Par leur moitié;
Je serai sans pitié!
    Si Jupiter
Prononce en l'air,
    Il grondera;
Mais il y passera.
Pas un seul dieu dans ma colère,
N'évitera ce sort fâcheux:
Enfin ce sera dans les cieux
Tout comme sur la terre.

Air : *Va, ne sois point tremblante.* (Des Clefs de Paris.)

Mais le moment approche
Où Psyché doit venir.
Chaque soir, sans reproche,
Je sais la prévenir.
Je ne la vois point accourir,
Qui peut encor la retenir?
Pour abréger l'absence,
Dans mon impatience,
Sans crainte endormons-nous,
Comme font tant d'époux.

(*Il s'endort. Le rideau se ferme.*)

SCÈNE XIII.

L'AMOUR, VENUS, PSYCHÉ, CYDIPPE, AGLAURE.

(*Vénus arrive la première, tenant de la main gauche une lampe, et de l'autre Psyché, qui donne la main à Cydippe qui la donne à Aglaure. Les trois sœurs doivent témoigner beaucoup d'effroi.*)

VÉNUS.

Air : *Un bandeau couvre les yeux.*

Avancez, ne craignez rien.

PSYCHÉ.

Ce que je fais n'est pas bien.

AGLAURE.

Un peu plus d'assurance.

CYDIPPE.

Ah ! pour vous quel doux espoir ;
Enfin, vous allez le voir !

PSYCHÉ.

Mais mon devoir...

VÉNUS.

Silence !

AGLAURE.

Je n'entends rien.

CYDIPPE.

Il est sans doute endormi.

PSYCHÉ, *ingénument.*

Il m'attend.

VÉNUS, *à part.*

Morphée m'a tenu parole. (*à Psyché.*) Allons, mon enfant.

QUATUOR.

Air : d'*Azémia.*

PSYCHÉ.

Je tremble et je ne sais pourquoi,
Quelle crainte à mes vœux s'oppose ?

AGLAURE.

Je tremble et je ne sais pourquoi.

CYDIPPE.

Quelle crainte à mes vœux s'oppose.

VÉNUS.

Allons, Psyché !

PSYCHÉ.

Quoi !
Moi !

VÉNUS, *lui donnant la lampe.*

Tenez,
Prenez.

Psyché.

PSYCHÉ, *prenant la lampe.*
Je n'ose.
(*donnant la lampe à Cydippe.*)
Tenez, ma sœur,

CYDIPPE.
Moi, j'ai peur.
(*la donnant à Aglaure.*)
Tenez,
Prenez.

AGLAURE, *prenant la lampe.*
Je n'ose.

PSYCHÉ, AGLAURE, CYDIPPE.
Nous voilà bien dans l'embarras.

AGLAURE, *à Psyché, lui rendant la lampe.*
C'est à vous de guider nos pas.

PSYCHÉ, CYDIPPE, AGLAURE.
Ah! si la curiosité
Donnait de la témérité!
Allons, ma sœur.
Allons, ma sœur. } courage.
Point de frayeur.

VÉNUS CYDIPPE AGLAURE.
Point de fâcheux présage,
Votre mari se fâchera,
Mais il aime, il pardonnera.

PSYCHÉ.
Eh! bien, plus de contrainte,
Mon cœur bannit la crainte.

VÉNUS, *à part.*
Elle se perd sans retour.

PSYCHÉ.
Voyons ce monstre,
(*elle s'approche du lit, soulève le rideau et s'écrie:*)
C'est l'amour.

AGLAURE, CYDIPPE, *regardant avec empressement.*
C'est l'amour.

(*Un coup de tonnerre se fait entendre; le lit disparaît avec l'Amour. Vénus se retrouve tout-à-coup sous sa forme naturelle.*)

VÉNUS.
Oui, c'est l'amour.

(*Psyché éperdue est soutenue par ses deux sœurs.*)

VÉNUS.

Psyché, reconnais Vénus. Je n'ai pu souffrir qu'une mortelle fût l'épouse de mon fils. Tu devais l'être jusqu'au moment où tu le connaîtrais ; tu l'as vu, ton bonheur est fini, ma vengeance commence, et ton rêve est expliqué.

(*Les femmes de Psyché, accourues au bruit du tonnerre, se groupent autour de Vénus, et prennent une attitude suppliante.*)

CHOEUR.

Air : *Autrefois réduit à la misère.*

Reine de Gnide, oubliez cette offense,
Voyez les pleurs qui coulent de ses yeux ;
Ah ! le plus doux apanage des dieux
C'est de pouvoir exercer la clémence.

VÉNUS.

Air : *Ce mouchoir belle Raymonde.*

N'espérez point par vos larmes,
Calmer mon ressentiment ;
Partout on vantait ses charmes,
Et même dans ce moment,
Malgré l'effroi de son âme
Elle égale mes attraits,
Voilà des torts qu'une femme
Ne pardonnera jamais.

(*Un nuage lumineux descend dans le fond. Il éclaire toute la scène.*)

SCÈNE XIV ET DERNIÈRE.

Les Précédens, L'AMOUR.

CHOEUR, *pendant que le nuage descend.*

Musique de Doche.

Quelque dieu bienfaisant,
Vient visiter la terre,
Afin de vous soustraire
Au sort qui vous attend.

VÉNUS.

Les dieux ont le cœur tendre ;
Mais elle est sous ma loi,
Qui voudrait la défendre ?

L'AMOUR, *sortant du nuage.*
C'est moi.

VÉNUS.

Mon fils !

TOUTES.

L'Amour !

AGLAURE.

Ma sœur, le joli monstre !

CYDIPPE.

L'amour marié !

VÉNUS.

Il n'est plus reconnaissable.

PSYCHÉ.

Je n'ose lever les yeux sur lui !

L'AMOUR.

Ma mère !

Air : *Ce magistrat irréprochable.*

De Psyché l'obscure naissance,
Mettait obstacle à mon bonheur :
Une telle mésalliance
Humiliait votre grandeur.
Entre vous et cette mortelle,
Pour établir l'égalité,
Jupiter m'a donné pour elle
Un brevet d'immortalité !

VÉNUS.

Qu'entends-je !

PSYCHÉ, *à part.*

Il m'a pardonné.

L'AMOUR.

Venez, Psyché, venez embrasser votre mère.

PSYCHÉ, *à part.*

Mon rêve s'accomplira.

VÉNUS.

Moi, je pourrais...

PSYCHÉ, *aux pieds de Vénus.*

Ma mère, je ne ferai rien qui puisse vous déplaire.

VÉNUS, *la relevant.*

Eh bien ! soyez ma fille.

L'AMOUR.

Air : *connu.*

Lorsque je naquis à Cythère,
Vous promîtes que, marié,
Ma femme aurait pour dot, ma mère,
De votre trône une moitié.

Vous pouvez, sans que l'on vous fronde,
Partager votre autorité ;
Le plus grand empire du monde,
C'est l'empire de la beauté.

Jupiter veut que les noces se fassent dans le ciel. Junon songe à sa toilette, Mercure porte les invitations, Comus prépare le festin, Momus fait des couplets, et Vulcain répète le menuet qu'il veut danser avec la mariée. Tous les Dieux seront à la noce.

AGLAURE.

Et nous, monsieur l'Amour ?

L'AMOUR.

Je tâcherai de vous établir là-haut.

CYDIPPE.

Ma sœur, nous pardonnerez-vous notre curiosité ?

PYTCHÉ.

Je lui dois mon bonheur.

L'AMOUR.

D'ailleurs, ce n'est pas votre faute, vous êtes femmes.

CHANSON FINALE.

Musique de Doche.

VÉNUS.

Du penchant secret de s'instruire,
Quand le beau sexe est tourmenté,
Doit-on le blâmer s'il désire,
S'assurer de la vérité
A le tromper on met sa gloire ;
On se vante, on se fait valoir ;
Les femmes, avant de rien croire,
Font bien de chercher à tout voir.

AGLAURE.

Malgré la charmante formule
Qu'ils adoptent dans leurs discours,
Il ne faut pas être crédule
Avec les amans de nos jours.
Ils jurent de mettre leur gloire
A nous suivre matin et soir :
Quand on commence par les croire,
On finit par ne plus les voir.

L'AMOUR.

On ne croyait plus sur la terre,
Que les dieux formeraient jamais
Un roi qui deviendrait le père,
Et le soutien de ses sujets ;
Un roi qui placerait sa gloire
A faire bénir son pouvoir :
Pour forcer la terre à le croire,
Les dieux enfin nous le font voir !

CYDIPPE.

On dit qu'il faut, si l'on est sage,
Avec fierté fuir les amans,
Et que les nœuds du mariage
Ne nous causent que des tourmens.
On dit qu'un mari met sa gloire
A faire sentir son pouvoir :
Je suis disposée à le croire ;
Mais avant tout je veux le voir.

PSYCHÉ, au Public.

A tous vos amis, par la ville,
Messieurs, dites que, sans retour,
L'Opéra doit au Vaudeville
Céder la palme dans ce jour,
Que nous avons même une gloire,
Que l'Opéra voudrait avoir,
Et s'ils ne veulent pas vous croire
Dites-leur de venir nous voir.

FIN.

www.ingramcontent.com/pod-product-compliance
Lightning Source LLC
Chambersburg PA
CBHW060607050426
42451CB00011B/2118